MIRKO REEH
Handkäse Deluxe

Inhalt:

Seite 6:	Liebe Handkäse Freunde....
Seite 7:	Informatives über Handkäse
Seite 11:	Hausgemachter Handkäse
Seite 12:	Klassischer Handkäse mit Musik
Seite 14:	Tomatensuppe mit Handkäse Nocke
Seite 15:	Handkäs Süppchen mit grüne Soße Kräuter
Seite 16:	Hessische Äbbelwoi Supp mit Handkäs
Seite 17:	Mirkos Handkäse Brot
Seite 18:	Affinierter Handkäse
Seite 20:	Hausgemachter Kochkäse
Seite 22:	Kochkäse Quark
Seite 24:	Paprika Chili Gelee
Seite 25:	Birne Meerrettich Chili Dipp
Seite 26:	Senf Relish
Seite 27:	Erdbeer Rhabarber Chutney
Seite 28:	Gurken Salsa
Seite 30:	Handkäs mit Mango Ananas Chutney
Seite 31:	Salat mit Handkäsedressing
Seite 32:	Tatar vom Handkäs mit Wildkräutersalat
Seite 34:	Gebackener Handkäse mit Kartoffel Speck Dressing
Seite 35:	Hessische Handkäs Brotzeit
Seite 36:	Handkäse Panna Cotta
Seite 38:	Brotschnitte mit Tatar und Handkäse Pesto
Seite 39:	Kartoffelpuffer mit Handkäse und grüner Soße
Seite 40:	Birnen Carpaccio mit Handkäs
Seite 42:	Würziges Handkäs Tiramisu
Seite 44:	Handkäsemousse mit Radieschen Salsa
Seite 46:	Handkäse Pastrami Sandwich
Seite 47:	Hessisch Italienischer Nudelsalat
Seite 48:	Gratinierter Handkäse mit Feigen und Thymian

Seite 50:	Handkäse Bällchen mit Gurken Dill Salat
Seite 51:	Handkäs mit Tomaten Karotten Salsa
Seite 52:	Thunfisch Handkäse Creme
Seite 53:	Rote Bete Rösti mit Hankäs Creme
Seite 54:	Handkäs Soufflée
Seite 56:	Spinat Handkäse Rolle mit Dill Dipp
Seite 57:	Wurstsalat mit Handkäse
Seite 58:	Würziger Blechkuchen mit Handkäs
Seite 60:	Handkäse Carpaccio mit Schmand Salsa
Seite 61:	Handkäs mit süßen Linsen
Seite 62:	Handkäse Fondue
Seite 63:	Handkäsenest mit Schinken
Seite 64:	Handkäse Chips
Seite 66:	Handkäs im Parmaschinkenmantel auf Birnen Vanille Püree
Seite 67:	Handkäse mit Orangen Walnuss Sauce
Seite 68:	Handkäse mit Rettich und Bärlauch
Seite 70:	Handkäs Bratwurst
Seite 71:	Rote Beete Creme mit Handkäse
Seite 72:	Rhöner Brotsalat
Seite 74:	Zucchini Kartoffel Küchlein mit Handkäs
Seite 75:	Handkäskuchen und Apfelchutney
Seite 78:	Handkäse Muffins
Seite 79:	Kochkäse Schnitzel mit Backkartoffeln
Seite 83:	Involtini von der Bachforelle und Bärlauch Risotto
Seite 85:	Chili Polenta mit Kochkäse und Parmesanhühnchen
Seite 88:	Schweinefilet mit Pfeffer Handkäse Sauce
Seite 89:	Praline vom Handkäs auf gebackenem Knödel
Seite 92:	Dibbelabbes mit Handkäs und Worscht
Seite 93:	Apfelwein Hühnchen Saltimbocca
Seite 96:	Rote Beete Auflauf
Seite 97:	Semmelknödel Handkäse Auflauf
Seite 98:	Handkäse Eis mit Balsamico Karamell
Seite 99:	Impressum

Liebe Handkäse Freunde,

immer wenn ich ein neues Rezept schreibe ist es in gewisser Weise auch ein Experiment.

In diesem Buch präsentiere ich Ihnen meine Lieblings-Handkäserezepte, angereichert mit vielen Tipps und Variationen.

Dieses Buch ist durch meine Kochkursgäste inspiriert entstanden. Zuerst war der Kurs. In meinen Kursen wurde ich des Öfteren gefragt, warum ich nicht mal ein Buch zum Thema Handkäse schreibe. Gesagt, getan. Mittlerweile sind es pro Jahr mehr als 10 Kurse, die sich nur mit Handkäse beschäftigen.

Ich wünsche Ihnen viel Spaß beim Ausprobieren, auch wenn gleich man bei dem Einen oder Anderen vielleicht skeptisch ist. Sie werden sich wundern.

Herzlichst Ihr

Mirko Reeh

Woher kommt der Handkäse?

Handkäse ist ein Sauermilchkäse aus Kuhmilch aus Deutschland, der besonders in Hessen, und hier vor allem in Süd-Hessen, weit verbreitet und sehr beliebt ist. Handkäse ist als *"Hessischer Handkäse"* bzw. als *"Hessischer Handkäs"* seit 2010 in der EU als geschützte geographische Angabe (g.g.A.) eingetragen und damit EU-weit geschützt.

Geschichte des Handkäses

Handkäse hat in Hessen eine lange Tradition. Das erste Mal schriftlich erwähnt wurde der Handkäse im Jahr 1813 als eine Händlerin namens Kraul aus Groß-Gerau den Käse auf dem Markt in Mainz verkaufte. Der Handkäse wurde ursprünglich von Hand geknetet und geformt, wodurch der Handkäse auch zu seinem Namen kam. 1893 erfand der Groß-Gerauer Gastwirt, Unternehmer und Fabrikant Peter Traiser II. eine Handkäse-Formmaschine und meldete diese zum Patent an. Mit dieser war es möglich, in der Stunde 2.900 Handkäse zu formen, nach einer Modifikation mit einem Elektromotor formte die "Käsmaschine" sogar 10.000 Stück in der Stunde.

Herstellung von Handkäse

Traditionell wurde der Handkäse früher hergestellt, in dem man frische und lauwarme Kuhmilch bei einer Temperatur von etwa 25 Grad C einen Tag stehen ließ und dann entrahmte. Dann ließ man die Milch zur Säuerung einen weiteren Tag bei 30°C stehen. Hierbei entstand als Zwischenprodukt die *"Matte"*, ein Quark. Die Matte wurde in grobe Würfel geschnitten und in ein Leinentuch gelegt, um die Molke abtropfen zu lassen. Die Masse wurde dann mit Salz und ggf. Kümmel gewürzt und von Hand durchgeknetet und anschließend zu Laibchen geformt. Die Größe der Laibchen war abhängig von der Größe der Hände des Käsers und erreichten einen Durchmesser von etwa 5 – 8 cm und eine Höhe von etwa 2,5 – 3 cm. Die Handkäse-Laibchen wurden zum Trocknen auf ein Holzbrett gesetzt, bis sich eine Haut auf dem Käse bildete. Anschließend kam der Käse in einen Steinguttopf und reifte dort für weitere fünf Tage bei einer Temperatur von 10° – 15° C. Der Handkäse wurde dann mit der Molke, die bei der Produktion abgetropft war und aufbewahrt wurde, abgewaschen. Der Handkäse wurde dann für etwa 4 weitere Wochen gereift.

In der modernen Produktion des Handkäses wird dieser vorwiegend maschinell hergestellt: Der Sauermilchquark reift zunächst 10 bis 14 Tage. Anschließend werden die einzelnen Partien miteinander vermischt, um eine homogene Masse mit einer gleichbleibenden Qualität zu bekommen. Anschließend wird der Masse Reifungs- und Kochsalz beigemischt. Dann wird der Handkäse geformt und kommt für zwei Tage in den "Schwitzraum", wo er bei 25°-30°C und einer Luftfeuchtigkeit von etwa 85% bis 95% eine trockene Haut (Kahmhaut) bildet. Dann wird der Handkäse mit Salzwasser und, je nach Sorte, mit Rotschmierkulturen (*Brevibacterium linens*) besprüht. Nach weiteren ein bis zwei Tagen wird der Handkäse verpackt und reift dann schließlich noch einmal etwa 40 Tage bei 8° C.

Aussehen und Geschmack

Fertig gereifter Handkäse hat, nach seiner ursprünglichen Herstellungsform mit der Hand, eine typische Laibform und ein Gewicht von 20 bis maximal 125 Gramm. Handkäse kommt als Rotschmierekäse (*Gelbkäse*) und zusätzlich als Käse mit Schimmelbildung (*Hausmacher*) mit unterschiedlich stark ausgeprägter Schimmelbildung in den Handel.
Handkäse mit Rotschmiere (Gelbkäse) hat eine glatte Oberfläche mit goldgelber bis rötlich-brauner Schmiere und ist speckig glänzend, sein Inneres hat einen weißlichen bis leicht gelblichen Farbton. Der Teig ist geschmeidig bis fest und hat eine gleichmäßige Reifung von außen nach innen. Der Geruch und Geschmack ist rein, würzig bis pikant. Der Rotschmierkäse (Gelbkäse) mit Milchschimmelbildung (Hausmacher) hat ein leicht gelbliches Äußeres mit weißem Milchschimmel-Belag. Sein Inneres hat einen weißen bis gelblichen Farbton. Der Teig ist geschmeidig und hat eine gleichmäßige Reifung von außen nach innen. Der Geruch und Geschmack ist rein und mild bis leicht aromatisch.

Traditionell wird Handkäse in Hessen mit "Musik" serviert. Für *"Handkäs mit Musik"* wird der reife Käse einige Zeit in eine Marinade aus gewürfelten Zwiebeln mit Essig und Öl und ggf. einem Schuss Apfelwein (*Äbbelwoi*), Kümmel, Pfeffer und Salz eingelegt. Woher der Begriff "Musik" stammt, ist umstritten. Einer Theorie nach soll der Begriff auf die Verdauungsgeräusche nach dem Genuss von Handkäse und Zwiebeln anspielen. Eine andere Theorie besagt, dass Öl und Essig früher getrennt voneinander serviert wurden und die Flaschen beim Servieren aneinander schlugen und dabei "Musik" produzierten.

Als Beilage wird Graubrot oder Schwarzbrot mit Butter serviert. Handkäs wird traditionell ohne Gabel und nur mit einem Messer serviert. Zum Essen schneidet man sich ein Stück Handkäse ab, spießt es auf das Messer und isst es dann direkt von der Messerspitze. Als Getränk wird meistens *Äbbelwoi* (Apfelwein) serviert.

Textauszüge: www.kaesewelten.info

Hersteller

Gerade in Mittelhessen findet man die meisten Hersteller, die auch Supermärkte beliefern. Birkenstock ist der größte Anbieter in Hessen (Stand 2014). In Sachsen ist es die Firma Käserei Lose, die zum Müller Milch Konzern gehört. Auf dem Markt gibt es noch weitere Handkäsehersteller die im Supermarkt zu finden sind wie: Upländer Bauernmolkerei, Harzbube, Breitunger Käserei und Harzinger.

Natürlich gibt es im Raum Gießen und vor allem im Odenwald in Hessen auch kleinere Hersteller, die allerdings nicht im Supermarkt zu finden sind, sondern eher auf Wochenmärkten in den größeren Städten.

Meistens findet man dann den Handkäse unter dem Begriff „Bauernhandkäse". Tatsächlich wird er bei den kleineren Herstellern noch mit der Hand geformt.

Hausgemachter Handkäs

Für 14 Handkäse | Zubereitungszeit: ca. 20 Minuten | Reifezeit: 5-6 Tage

Zutaten:
1 kg Magerquark
30 Gramm Salz
1/2 Esslöffel Kümmel

Zubereitung: Der gut ausgepresste, trockene Quark wird mit Salz und Kümmel gut vermischt und daraus ca. 14 kleine Bällchen geformt und flachgedrückt. Diese werden auf ein Brett gesetzt und mit einem Tuch abgedeckt.

Man lässt sie so lange stehen, bis man einen Fingerabdruck nicht mehr sieht und die Oberfläche glasig ist.

Nun setzt man sie in einen Steingut-Topf oder Porzellantopf und bedeckt sie mit einem essiggetränkten Tuch, das jeden Tag neu ausgewaschen werden muss und neu getränkt werden soll.

Bei einer größeren Menge Käschen ist ein Umsetzen nach ca. 3-4 Tagen erforderlich. Sobald die Käschen weich werden, ist der Reifegrad erreicht und sie können verwendet werden.

Reifezeit: Im Sommer ca. 5-6 Tage ; Im Winter: ca. 8 - 10 Tage.

Klassischer Handkäse mit Musik

Für 4 Personen | Zubereitungszeit: 10 Minuten | Marinierzeit: mind. 6 Stunden

Zutaten:
4 Handkäse

6 EL Essig
8 EL neutrales Öl
1 Zwiebel
½ TL Kümmel

Salz & Pfeffer

Zubereitung: Die Zwiebel klein schneiden, dann mit dem Essig und Öl sowie dem Kümmel kräftig vermengen. Anschließend mit Pfeffer und Salz abschmecken. Den Handkäse hineinlegen und mindestens 6 Stunden durchziehen lassen.

Am besten wenn man es nicht eilig hat, 24 Stunden durchziehen lassen. Dann schmeckt der Handkäse noch besser.

Tomatensuppe mit Handkäse Nocke

Für 4 Personen | Zubereitungszeit: ca. 40 Minuten

Zutaten:
800 g Tomaten
400 ml Gemüsefond
½ Bund Kräuter der grünen Soße
1 Zwiebel
1 EL Olivenöl
100 ml Sahne

Zutaten Nocke:
100 g Handkäse
100 g Frischkäse
50 g geriebenen Parmesan
1 Ei
2 EL Mehl

Sowie:
Salz & Pfeffer

Zubereitung Suppe: Tomaten und Zwiebel klein schneiden. Mit etwas Öl anbraten. Den Fond und die Kräuter hinzugeben. Das Ganze durchkochen lassen, bis die Tomaten weich sind. Mit einem Pürierstab fein pürieren. Abschmecken mit Sahne, Pfeffer und Salz.

Zubereitung Nocke: Den Handkäse im Wasserbad schmelzen, mit dem Frischkäse und dem Parmesan sowie dem Ei und dem Mehl gut vermengen. Abschmecken mit Pfeffer und Salz.

Die Nocke über 2 Löffel streichen.

Handkäs Süppchen mit grüne Soße Kräuter

Für 4 Personen | Zubereitungszeit: ca. 20 Minuten

Zutaten:
125 g Kräuter der Frankfurter Grünen Sauce
3 EL gehackten frischen Kerbel
1 L Gemüsefond
400 g Schmand
5 Eigelb
4 EL Stärke

4 Handkäse

Salz & Pfeffer

Zubereitung: Kräuter im heißen Wasser blanchieren und kalt abspülen. Das verhindert, dass die Kräuter beim Kochen grau werden. Gemüsefond aufkochen, Kräuter fein hacken und zum Fond geben.

Eier trennen. Eigelbe mit etwas Fond, der Stärke und dem Schmand vermengen, ebenfalls in den Fond geben und aufkochen lassen.

Den Handkäse in Würfel schneiden, in tiefe Teller geben und die Suppe darauf gießen.

Hessische Äbbelwoi Supp mit Handkäs

Für 4 Personen | Zubereitungszeit: ca. 40 Minuten

Zutaten:
1,5 L Apfelwein
1/2 L Fleischfond
100 g Zucker
200 g Schmand
2 EL Zitronensaft
2 Eigelbe
Zimt
½ Bund Basilikum
4 Handkäse

Salz & Pfeffer

Zubereitung: In einem feuerfesten Topf (kein Metalltopf) wird der Abbelwoi zusammen mit dem Fleischfond, dem Zucker, dem Zitronensaft und etwas Zimt 15 Minuten gekocht. Der Schmand wird mit dem Eigelb verquirlt und mit einem Schneebesen in die Suppe eingerührt. Die Kräuter fein hacken und ebenfalls in die Suppe einrühren. Mit Pfeffer und Salz abschmecken.

Den Handkäse fein würfeln und in die Suppe geben.

Mirkos Handkäse Brot

Für 1 Brot | Zubereitungszeit: ca. 30 Minuten | Ruhezeit: ca. 30 Minuten

Zutaten:
42 g Hefe
700 g Mehl
400 ml lauwarmes Wasser
2 TL Salz
100 g Handkäse
1/2 TL Kümmel
2 EL glatte Petersilie

Zubereitung: Zutaten klein schneiden und hacken. Die Hefe im lauwarmen Wasser auflösen, unter das Mehl heben und gut verkneten. Alle restlichen Zutaten hinzugeben und nochmals sehr gut verkneten. Den Brotteig ausrollen oder zu Brötchen formen, auf ein Backblech mit Backpapier oder Silikonmatte geben. Dann 30 Minuten bei 50 Grad Umluft ruhen lassen. Backofen auf 180 Grad aufheizen und ca. 40 bis 45 Minuten backen.

Affinierter Handkäse

Zubereitungszeit: ca. 30 Minuten

Zutaten:
10 Handkäsescheiben
½ Packung grüne Soße Kräuter

Zubereitung: Die Kräuter der grünen Soße durch einen Fleischwolf geben. Den Handkäse mittig aufschneiden, so dass zwei Scheiben entstehen. Die grüne Soße Kräuter auf den Handkäse schmieren, dabei etwas Rand lassen, damit die Scheiben wieder aufeinander gelegt werden können. Das Ganze einen Tag vor dem Servieren zubereiten.

Hausgemachter Kochkäse

Für 750 g Kochkäse | Zubereitungszeit: ca. 20 Minuten

Zutaten:
250 g Handkäse
250 g Butter
250 ml Sahne
1 TL Kümmel

Salz & Pfeffer

Zubereitung: Alle Zutaten in eine feuerfeste Schüssel geben, diese in ein Wasserbad stellen und kontinuierlich rühren bis eine glatte Masse entsteht.

Abschmecken mit Pfeffer, Salz und Kümmel.

Kochkäse-Quark

Für ca. 350 g Quark | Zubereitungszeit: 20 Minuten

Zutaten:
250 g Magerquark
100 g Kochkäse
20 g Schnittlauch

Salz & Pfeffer

Variante:
1 TL Curry

Zubereitung: Den Schnittlauch sehr fein schneiden, mit allen anderen Zutaten sehr gut vermengen und mit Salz und Pfeffer abschmecken.

Bei der Variante den Curry ebenfalls mit in die Masse rühren.

Paprika Chili Gelee

Für ca. 400 ml Sauce | Zubereitungszeit: ca. 30 Minuten

Zutaten:
2 rote Paprikaschoten
6 Chilis
100 ml Balsamico
100 ml Gemüsefond
130 g 2:1 Gelierzucker

Zubereitung: Chili ohne Kerne und Paprika klein schneiden mit dem Gemüsefond weich kochen, danach in einem Tuch ausdrücken und den Sud auffangen. Den Sud mit dem Essig vermengen und aufkochen lassen, danach mit dem Gelierzucker vermischen. Ca. 4 Minuten kochen lassen, danach eine Gelierprobe machen. Ist die Gelierprobe gelungen den Gelee abfüllen und auskühlen lassen.

Birne Meerrettich Chili Dipp

Für 4 Personen | Zubereitungszeit: ca. 30 Minuten

Zutaten:
200 g Schmand
100 g Birnen
2 EL süße Chili Soße
2 EL Sahnemeerrettich
Etwas Zitronenschale

Salz & Pfeffer

Zubereitung: Schmand, Chili Soße und Sahnemeerrettich mit der Zitronenschale in einer Schüssel glatt rühren. Birne fein würfeln und hinzugeben. Abschmecken mit Salz und Pfeffer

Senf Relish

Für 4 Personen | Zubereitungszeit: ca. 20 Minuten

Zutaten:
250 ml neutrales Öl
1 Ei

2 EL Balsamico
4-6 EL Senf, je nach Schärfe
400 g süße Gürkchen
1 Zwiebel

Salz & Pfeffer

Zubereitung: Öl in ein hohes Gefäß geben und das Ei hinzugeben. Mit einem Pürierstab das Ei mit dem Öl bei höchster Stufe am Boden pürieren, so dass die Masse zur Mayonnaise wird, langsam hochziehen damit sich alles verbindet. Gürkchen und Zwiebeln fein schneiden und mit allen anderen Zutaten vermengen. Mit Pfeffer und Salz abschmecken.

Erdbeer-Rhabarber Chutney

Für 6 -8 Gläser | Zubereitungszeit: ca. 20 Minuten

Zutaten:
500 g Rhabarber
1 kg Erdbeeren
500 ml Apfelwein
100 g Zucker
50 ml dunkler Balsamico
1 Chilischote
500 g Gelierzucker 1:2

Zubereitung: Rhabarber säubern, Fäden abziehen und klein schneiden. Zucker im Topf karamellisieren. Den Rhabarber dazugeben sowie die Flüssigkeiten. Das Ganze 10 Minuten köcheln lassen. Den Gelierzucker hinzugeben und nochmals 5 Minuten kochen. Danach eine Gelierprobe machen. Erdbeeren in kleine Würfel schneiden und in die heiße Masse geben. Ganz wichtig dabei ist nicht mehr kochen. Gläser vorbereiten, in Gläser füllen und auf dem Kopf auskühlen lassen.

Gurken Salsa

Für 4 Personen | Zubereitungszeit: ca. 20 Minuten

Zutaten:
1 Gurke
2 rote Zwiebeln
1 kleine Chilischote
10 Minzeblätter
1 EL Honig
8 EL weißer Essig
8 EL Öl

Salz & Pfeffer

Zubereitung: Gurke halbieren, entkernen und in sehr feine, kleine Würfel schneiden. Zwiebeln und Chilischote ebenfalls sehr klein schneiden und Minze fein hacken. Alles zusammen mit dem Honig, Essig und dem Öl vermengen, abschmecken und kurz durchziehen lassen.

Handkäs mit Mango- Ananas Chutney

Für 4 Personen | Zubereitungszeit: 40 Minuten

Zutaten:
4 Handkäse

1 Mango
½ Ananas
1 Zwiebel
30 g Ingwer
4 EL Olivenöl
1 Knoblauchzehe
1 Chilischote
2 EL Thai Basilikum
200 ml Geflügelfond
100 ml Weißwein
2 EL heller Essig

Salz & Pfeffer

Zubereitung: Mango und Ananas sowie die Zwiebel grob würfeln und dann anbraten. Die restlichen Zutaten klein schneiden, hinzugeben bis auf die Flüssigkeiten und alles zusammen gut anbraten. Ablöschen mit dem Fond, dem Weißwein sowie dem Essig. Das Ganze leicht köcheln lassen, bis eine soßige Konsistenz entsteht. Abschmecken mit Pfeffer und Salz.

Den Handkäse in dünne Scheiben schneiden, das Chutney darauf geben und direkt servieren.

Salat mit Handkäsedressing

Für 4 Personen | Zubereitungszeit: ca. 40 Minuten

Zutaten Salat:
100 g Feldsalat
200 g Chicoree
100 g Radiccio
100 g Rucola
2 Birnen

Zutaten Dressing:
6 EL Nussöl
4 EL neutrales Öl
6 EL heller Balsamico
1 EL Senf
1 EL Honig
2 Handkäse

sowie:
Salz & Pfeffer

Zubereitung: Den Salat säubern, klein zupfen und vermengen. Die Birnen schälen, entkernen und in Würfel schneiden und unter den Salat mischen.

Für das Dressing alle Zutaten in einen Pürierbecher geben und fein pürieren. Abschmecken mit Pfeffer und Salz.

Tatar vom Handkäs mit Wildkräutersalat

Für 4 Personen | Zubereitungszeit: ca. 30 Minuten

Zutaten Handkäs:
200 g Handkäse
1 rote Zwiebel
100 g Salatgurke
4 EL Nussöl
4 EL Essig
1 EL Honig
1 EL glatte Petersilie geschnitten

Salz, Pfeffer und eine Prise Chili

Zutaten Wildkräutersalat:
200 g Wildkräuter
4 EL geschnittene grüne Soße Kräuter
4 EL Schmand
4 EL Balsamico
2 EL neutrales Öl
1 TL Paprikapulver Edelsüß
½ Knoblauchzehe

Salz & Pfeffer

Zubereitung Tatar: Den Handkäs in kleine Würfel schneiden. Die Zwiebel ebenso in feine Würfel schneiden. Die Gurke schälen, entkernen und in kleine Würfel schneiden und alles mit dem Öl, Essig, der glatten Petersilie und dem Honig gut vermengen. Abschmecken mit Pfeffer, Salz und Chili.

Zubereitung Salat: Wildkräuter säubern und in eine Schüssel geben. Für das Dressing Schmand, Balsamico, neutrales Öl, Paprikapulver und Knoblauchzehe in einen Pürier Becher geben. Fein pürieren, die Kräuter hinzugeben und mit Pfeffer und Salz abschmecken.

Gebackener Handkäse mit Feldsalat und Kartoffel Speckdressing

Für 4 Personen | Zubereitungszeit: ca. 40 Minuten

Zutaten Salat:
300 g Feldsalat
100 g Kartoffeln
50 g angebratenen Speck
150 ml Gemüsefond
1 EL Schmand

Zutaten Handkäse:
4 Handkäse
100 g Paniermehl
2 Eier
1 Liter Öl zum Frittieren

Salz & Pfeffer

Zubereitung: Den Salat klein zupfen. Für das Dressing alle Zutaten in einen Pürier Becher geben und sehr fein pürieren. Abschmecken mit Pfeffer und Salz.

Die Eier aufschlagen und verquirlen. Den Handkäse erst in Ei wälzen und dann in Paniermehl. Den Handkäse im heißen Öl frittieren.

Hessische Handkäs Brotzeit

Für 4 Personen | Zubereitungszeit: ca. 20 Minuten

Zutaten:
4 Scheiben kräftiges Bauernbrot mit Kruste
200 g Handkäse
50 g weiche Butter
1 Zwiebel
1 TL Senf
2 EL Schmand
1 TL Paprikapulver Edelsüß
1 TL klein geschnittene glatte Petersilie

Salz & Pfeffer

Zubereitung: Das Bauerbrot im Toaster oder in einer Pfanne etwas rösten.

Den Handkäse mit einer Gabel zerdrücken. Zwiebel klein schneiden und mit den restlichen Zutaten unter den Handkäse mischen. Abschmecken mit Pfeffer und Salz.

Die Handkäsemasse auf das geröstete Brot geben.

Handkäse Panna Cotta

Für 4 Personen | Zubereitungszeit: ca. 50 Minuten

Zutaten:
1 Spritzer Zitronensaft
30 g Butter
400 ml Sahne
200 g Handkäse
8 Blatt Gelatine
1 TL Paprika Pulver, edelsüß

Salz & Pfeffer

Zubereitung: Gelatine im kalten Wasser einweichen.

Butter und Sahne in einen hohen Topf geben und erwärmen, nicht kochen. Handkäse sehr fein schneiden und in die Sahne Butter Mischung geben, danach Pfeffer, Salz und Paprika Edelsüß hinzugeben. Dann sehr gut pürieren.

Gelatine ausdrücken und in die Masse geben, gut verrühren damit sich alles gut verbindet. In Förmchen füllen und auskühlen lassen, bis die Masse gestockt ist.

Die Panna Cotta kann aus dem Förmchen gegessen werden oder gestürzt, z.B. zu mariniertem Salat gegessen werden.

Brotschnitte mit Tatar und Handkäse Pesto

Für 4 Personen | Zubereitungszeit: ca. 30 Minuten

Zutaten Tatar:
2 Steaks vom Rind
20 g getrocknete Tomate
10 g Kapern
1 Eigelb
1 kleine Zwiebel
1 Gewürzgurke
1 EL gehackte Kräuter
1 EL Olivenöl

Zutaten Pesto:
80 g Grüne Soße Kräuter
50 g Handkäse
30 g Walnüsse
80 ml neutrales Öl

Sowie:
1 Stange Baguette
Salz & Pfeffer

Zubereitung Tatar: Die Steaks durch einen Fleischwolf zwei Mal laufen lassen und in eine Schüssel geben. Die getrockneten Tomaten, sowie alle anderen Zutaten sehr klein schneiden oder mit durch den Fleischwolf geben und unter die Menge heben. Zu guter Letzt das Olivenöl unterheben sowie abschmecken mit Pfeffer und Salz.

Zubereitung Pesto: Nüsse zunächst trocken rösten. Alle Zutaten für das Pesto in einen hohen Pürierbecher geben und fein pürieren. Abschmecken mit Salz und Pfeffer.

Kartoffelpuffer mit Handkäse und grüner Soße

Für 4 Personen | Zubereitungszeit: 40 Minuten

Zutaten Kartoffelpuffer:
500 g Kartoffeln, fest kochend
1 Zwiebel
4 Eier
1 Bund glatte Petersilie
3 EL Mehl
1/2 TL Salz
150 g Handkäse
Sonnenblumenöl

Zutaten Grüne Soße:
4 gekochte Eier
1 Eigelb
1/4 L saure Sahne
4 EL Öl
Saft einer Zitrone
1 EL Senf
1 Bund (125g) mit folgenden Kräutern:
Schnittlauch, Petersilie, Kerbel, Borretsch, Pimpinelle, Sauerampfer, Kresse

Salz & Pfeffer

Zubereitung Grüne Soße: Die gekochten Eier klein hacken und mit dem Eigelb und der sauren Sahne verrühren. Öl hinzugeben und mit Zitronensaft, Senf, Salz und Pfeffer abschmecken. Die Kräuter fein hacken und unter die Soße geben.

Zubereitung Kartoffelpuffer: Die Kartoffeln sowie die Zwiebel schälen und klein schneiden. Dann nur die Kartoffeln fein pürieren. Eier unterheben, ebenfalls das Mehl, die Zwiebeln und das Salz. Zum Schluss den zuvor feingeschnittenen Handkäs und die gehackte glatte Petersilie unterheben. In einer beschichteten Pfanne mit Sonnenblumenöl von beiden Seiten goldbraun ausbacken.

Birnen Carpaccio mit Handkäs

Für 4 Personen | Zubereitungszeit: ca. 20 Minuten

Zutaten:
200 g Handkäse
2 große Birnen
120 g Rucola
40 g Walnüsse
4 EL hellen Balsamico
4 EL neutrales Öl
1 TL gehackter Basilikum
1 Zitrone

Salz & Pfeffer

Zubereitung: Zitronenwasser für die Birnen vorbereiten. Birnen schälen und der Länge nach entkernen am besten mit einem Ausstecher. Die Birne in feine Scheiben hobeln und in das Zitronenwasser einlegen. Den Handkäse ebenfalls in dünne Scheiben aufschneiden. Die Walnüsse in einer heißen Pfanne ohne Öl rösten. Essig und Öl vermischen und mit Salz und Pfeffer sowie dem Basilikum abschmecken.

Die Birnen und den Handkäse kreisrund auf einen Teller arrangieren, immer abwechselnd, den Rucola in die Mitte geben. Dressing darüber geben und zum Schluss die gerösteten Walnüsse darauf geben.

Würziges Handkäs Tiramisu

Für 4 Personen | Zubereitungszeit: ca. 20 Minuten

Zutaten:
4 Handkäse

4 Scheiben Pumpernickel
1 EL Butter
100 g Schmand
100 g Speck
1 Zwiebel
1 süße Gewürzgurke
1 EL Senf
½ EL Honig

Salz, Pfeffer & süßes Paprikapulver

Zubereitung: Handkäse in sehr kleine Würfel schneiden. Pumpernickel sehr fein bröseln und mit etwas Butter anbraten danach auskühlen lassen.

Speck fein würfeln und mit der restlichen Butter anbraten. Zwiebeln und Gewürzgurke in kleine Würfelchen schneiden.

Senf, Schmand sowie den Honig sehr gut vermengen. Abschmecken mit Pfeffer und Salz.

4 Gläser vorbereiten. Pumpernickel zuerst in die Gläschen geben, dann leicht andrücken. Darauf eine Schicht Handkäse geben, diese auch leicht andrücken. Speck, Zwiebeln und Gürkchen darauf geben. Dann die Schmand Masse darauf geben. Das Ganze wiederholen. Zum Abschluss noch ein paar Würfelchen von den Zwiebeln, Speck und Gürkchen sowie etwas Paprikapulver darüber streuen.

Handkäsemousse mit Radieschen Salsa

Für 4 Personen | Zubereitungszeit: ca. 30 Minuten
Auskühlzeit: ca. 60 Minuten

Zutaten Mousse:
250 g Handkäse
250 g Sahne
150 g Butter
½ Bund Schnittlauch

Frischhaltefolie
Salz & Pfeffer

Zutaten Salsa:
400 g Radieschen
½ rote Paprika
½ gelbe Paprika
½ grüne Paprika
1 rote Zwiebel
½ Bund Koriander
6 EL neutrales Öl
4-6 EL heller Balsamico
2 EL Honig

Salz & Pfeffer

Zubereitung Mousse: Handkäse im Wasserbad schmelzen. Butter und Sahne hinzugeben, sehr gut verrühren bis alles eine Masse ist, danach abschmecken und auskühlen lassen. Den Schnittlauch zur Dekoration verwenden.

Zubereitung Salsa: Radieschen, Paprika und Zwiebeln in sehr feine Würfel schneiden. Koriander sehr fein schneiden. Das klein geschnittene Gemüse mit dem Koriander und den restlichen Zutaten gut vermengen. Abschmecken mit Pfeffer und Salz.

Handkäse Pastrami Sandwich

Für 4 Personen | Zubereitungszeit: ca. 30 Minuten

Zutaten Sauce:
100 ml neutrales Olivenöl
1 Ei
50 g Schnittlauch, fein geschnitten
1 Knoblauchzehe
1 Chilischote, ohne Kerne

Zutaten Belag:
4 Essiggurken
200 g Ahle Wurst
200 g Handkäse
100 g Rucola

Sowie:
1 Ciabatta
Salz & Pfeffer

Zubereitung Sauce: Das Öl in einen schmalen Becher geben, hinzu kommt die zuvor geschälte Knoblauchzehe und die Chilischote. Dann das Ei dazu geben. Mit einem Pürierstab die Masse am Boden pürieren, so dass das Ganze zur Mayonnaise wird, den Pürierstab nicht bewegen, es sei denn er zieht das Öl nicht mehr, dann langsam die Masse vermengen. Ist die Mayonnaise entstanden mit dem Schnittlauch und Pfeffer und Salz abschmecken.

Zubereitung Belag: Essiggurke, Handkäse und Ahle Wurst in Längsstreifen schneiden. Rucola säubern.

Anrichten: Brot aufschneiden und im Backofen mit den Schnittflächen nach oben grillen. Die Sauce großzügig darauf streichen und mit den Zutaten belegen.

Hessisch-Italienischer Nudelsalat

Für 4 Personen | Zubereitungszeit: ca. 30 Minuten

Zutaten Salat:
400 g Muschelnudeln
300 g Wildkräuter
150 g Handkäse
½ Bund Kräuter der grünen Soße (50 g)
1 Limette, deren Schale und Saft
30 g getrocknete Tomaten
20 g Pinienkerne
2 Orangen
3 Frühlingszwiebeln
1 rote Zwiebel

Zutaten Dressing:
100 g Schmand
50 ml Balsamico
50 ml Olivenöl
3 EL Honig

Salz & Pfeffer

Zubereitung: Nudeln al Dente kochen, danach auskühlen lassen. Die Wildkräuter ein wenig kleiner zupfen. Die Limette erst abreiben, dann auspressen. Handkäse in Würfel schneiden. Getrocknete Tomaten klein schneiden, ebenso die grüne Soße Kräuter. Die Pinienkerne mit etwas Öl anrösten und auskühlen lassen. Orange filetieren, Frühlingszwiebeln in Rauten schneiden und die rote Zwiebel sehr fein schneiden.

Ganz wichtig: Nach und nach, die Zutaten vermengen, damit sich alles gut miteinander verbindet.

Das Dressing wie folgt zubereiten: Alle Zutaten in einen hohen Pürier- oder Mixbecher geben, dann mit einem Pürierstab sehr gut vermengen. Mit Salz und Pfeffer kräftig abschmecken.

Gratinierter Handkäse mit Feigen und Thymian

Für 4 Personen | Zubereitungszeit: ca. 20 Minuten

Zutaten:
4 Handkäse
4 Feigen
8 EL Honig
2 Zweige Thymian

4 Förmchen

Zubereitung: Den Handkäse in Förmchen legen. Die Feigen in Scheiben schneiden und auf den Handkäse legen. Thymian sehr fein hacken und ebenfalls auf den Handkäs geben.

Zu Guter Letzt den Honig gleichmäßig verteilen.

Im Backofen bei 180 Grad ca. 10 Minuten backen.

Handkäse- Bällchen mit Gurken Dill Salat

Für 4 Personen | Zubereitungszeit: 30 Minuten

Zutaten Handkäse:
4 Handkäsescheiben
2 Eier
100 g Paniermehl

500 ml Öl zum Frittieren

Zutaten Salat:
1 Gurke
2 rote Zwiebeln
2 Zweige Dill
8 EL weißer Essig
8 EL neutrales Öl

Salz & Pfeffer

Zubereitung: Gurke halbieren, entkernen und in sehr feine, kleine Würfel schneiden. Zwiebeln sowie den Dill fein hacken. Alles zusammen mit dem Essig, dem Öl gut vermengen. Einige Minuten ziehen lassen und mit Pfeffer und Salz würzen.

Variante: Unter den Salat noch 100 g Schmand oder Saure Sahne geben.

Den Handkäse weich werden lassen. Jede Scheibe in 4 Stücke schneiden und zu Kugeln formen. Erst in Ei wenden, dann in Paniermehl. Im heißen Fett kurz frittieren, bis die Panade braun ist.

Handkäs mit Tomaten Karotten Salsa

Für 4 Personen | Zubereitungszeit: ca. 15 Minuten

Zutaten:
4 Handkäse

1 Schalotte
1 Karotte
2 Tomaten
6 grüne Oliven

1 EL Zucker
6 EL Olivenöl
4 EL dunklen Balsamico

Salz & Pfeffer

Zubereitung: Oliven entkernen und sehr fein schneiden. Schalotte, Karotte sehr fein würfeln. Tomate enthäuten, entkernen und ebenfalls in kleine Würfel schneiden, mit den Oliven, Karotten und der Schalotte vermengen. Zucker, Olivenöl und den dunklen Balsamico gut vermengen, unter die Gemüsemasse heben. Abschmecken mit Pfeffer und Salz, dann ca. 1 Stunde durchziehen lassen.

Die fertige Salsa auf den Handkäse geben.

Thunfisch – Handkäse Creme

Für 4 Personen | Zubereitungszeit: ca. 15 Minuten

Zutaten:
300 g Thunfisch aus der Dose, ohne Öl
200 g Handkäse
1 TL Oregano
1 Zweig Basilikum
2 EL Schmand

Salz & Pfeffer

Zubereitung: Thunfisch mit einer Gabel zerdrücken. Handkäse sehr fein schneiden und mit dem Thunfisch und den restlichen Zutaten gut vermengen. Abschmecken mit Pfeffer und Salz.

Die Creme eignet sich sehr gut als Aufstrich auf Grau- oder Weißbrot.

Rote Beete Rösti mit Handkäs Creme

Für 4 Personen | Zubereitungszeit: ca. 40 Minuten

Zutaten Teig:
300 g rohe Rote Beete
300 g Kartoffeln
120 g Mehl
5 Eier

Zutaten Handkäs Mousse:
250 g Handkäse
250 g Sahne
150 g Butter
½ Bund Schnittlauch

Sowie:
Salz & Pfeffer
Öl zum Braten

Zubereitung Mousse: Handkäse im Wasserbad schmelzen, die Butter und die Sahne hinzugeben, sehr gut verrühren bis alles eine Masse ist, danach abschmecken und auskühlen lassen. Den Schnittlauch zur Dekoration verwenden.

Zubereitung Rösti: 100 g der Roten Beete raspeln, die restliche Rote Beete sowie die Kartoffeln roh pürieren. Dann mit Mehl und Ei verquirlen und kräftig mit Pfeffer und Salz abschmecken.

Kleine Küchlein in Öl ausbacken, danach bei 70 Grad warm stellen.

Handkäs-Soufflée

Für 4 Personen | Zubereitungszeit: 45 Minuten

Zutaten:
4 Eigelbe
120 g Zucker
100 g Frischkäse
100 g Handkäse
4 Eiweiß
40 g Mehl
Butter

Zubereitung Soufflee: Die Eigelbe und 40 g Zucker schaumig rühren. Den Frischkäse mit dem Mehl vermengen, bis eine glatte, nicht zu dicke oder zu dünne Masse entsteht. Dann die Eigelb-Zuckermischung hinzufügen. Die Eiweiße und den restlichen Zucker zu steifem Schnee schlagen und unter die Käsemasse heben. Den Handkäse in Würfel schneiden und ebenfalls in die Masse geben. Mit etwas Mehl bestäuben und in gebutterte und gezuckerte Förmchen füllen.

Zum Schluss bei 200 °C 20 bis 25 Minuten backen.

Spinat Handkäse Rolle mit Dill Dipp

Für 4 Personen | Zubereitungszeit: ca. 40 Minuten

Zutaten Teig:
500 g Spinat
3 Schalotten
5 EL Olivenöl
5 Eier

Zutaten Füllung:
200 g Frischkäse
1 Bund Schnittlauch
200 g Handkäse

Zutaten Dill Dipp:
4 EL Rapsöl
2 EL heller Essig
1 EL Honig
1 EL geschnittener Dill

Sowie:
Pfeffer, Salz & Muskat

Zubereitung Teig: Spinat gut durchspülen, danach blanchieren. Schalotten fein schneiden und mit dem Olivenöl anbraten. Danach den Spinat hinzugeben und mit braten. Spinat etwas auskühlen lassen und mit den Eiern in einen Mixer geben und fein pürieren. Die feine Masse auf ein zuvor mit Backpapier ausgelegtes Backblech streichen. Wichtig ist, dass die Masse gleichmäßig verteilt ist. Bei 180 Grad ca. 15 Minuten garen, bis die Masse fest geworden ist. Danach auskühlen lassen.

Zubereitung Füllung: Den Handkäse in feine Würfel schneiden. Schnittlauch ebenfalls klein schneiden und mit dem Frischkäse sehr gut vermengen. Abschmecken mit Salz und Pfeffer.

Zubereitung Rolle: Die Teigmasse auf ein Küchentuch stürzen. Die Masse gleichmäßig auf den Teig streichen und mittels des Küchentuches einrollen. 1 Stunde kühl stellen, aufschneiden in ca. 1 cm breite Stücke.

Zubereitung Dipp: Für den Dipp alle Zutaten gut vermengen und abschmecken mit Pfeffer und Salz.

Wurstsalat mit Handkäse

Für 4 Personen | Zubereitungszeit: ca. 30 Minuten

Zutaten:
600 g frische Schinkenwurst oder Fleischwurst am Stück
200 g Handkäse
8 Gewürzgurken
1 rote Zwiebel
1 kl. Glas Tomatenpaprika
1 Bund Dill
4 EL Essig
1 EL Zucker
4 EL Öl

Salz & Pfeffer

Zubereitung: Die Schinkenwurst oder die Fleischwurst und den Handkäse in feine Streifen schneiden und in eine Schüssel geben. Die Gewürzgurken in Scheiben schneiden und ebenfalls dazugeben. Die Tomatenpaprika abtropfen lassen und mit der in Scheiben geschnittenen Zwiebel untermischen. Das Ganze mit Salz, Zucker, Pfeffer, Essig und Öl abschmecken. Am besten über Nacht stehen lassen.

Am nächsten Tag gut vermengen. Dill fein schneiden und unterheben.

Würziger Blechkuchen mit Handkäs

Für 4 Personen | Zubereitungszeit: ca. 30 Minuten

Zutaten Teig:
21 g frisch Hefe
½ TL Zucker
500 g Mehl
1 TL Salz
2 EL neutrales Öl
2 EL Weißwein
250 ml Wasser

Mehl für die Arbeitsplatte

Zutaten Belag:
200 g Lauch
200 g Handkäse
100 g Ahle Worscht
3 EL gehackte Petersilie
50 ml neutrales Öl

Salz & Pfeffer

Zubereitung Teig: Hefe mit dem Zucker und etwas lauwarmem Wasser anrühren. Mehl mit dem Salz gut vermischen und das Hefewasser hinzufügen. Öl, Weißwein und das restliche Wasser hinzugeben, ebenfalls wieder gut verkneten. Den Teig dann ca. 30 Minuten ruhen lassen, bis er sich fast verdoppelt hat.

Den Teig anschließend mit etwas Mehl durchkneten. Das Backblech mit Backpapier auslegen, den Teig darauf ausrollen und mit einer Gabel einstechen. Backofen vorheizen auf 200 Grad.

Zubereitung Belag: Lauch und Wurst in Streifen oder Ringe schneiden, den Handkäse in kleine Stücke schneiden. Petersilie klein schneiden. Alles mit dem Öl vermengen und abschmecken mit Pfeffer und Salz.

Fertigstellung: Belag auf das Blech verteilen. Dann das Ganze im Backofen bei 200 Grad ca. 30 Minuten backen.

Handkäse- Carpaccio mit Schmand-Salsa

Für 4 Personen | Zubereitungszeit: 15 Minuten

Zutaten:
4 Handkäsescheiben

1 Gurke
2 rote Zwiebeln
1 kleine Chilischote
10 Minze Blätter
150 g Schmand
8 EL weißer Essig
8 EL neutrales Öl
1 Kerbelzweig

Salz & Pfeffer

Zubereitung: Gurke halbieren, entkernen und in sehr feine, kleine Würfel schneiden. Zwiebeln und Chilischote ebenfalls sehr klein schneiden sowie die Minze fein hacken. Alles zusammen mit dem Essig, dem Öl und dem Schmand gut vermengen. Einige Minuten ziehen lassen und mit Pfeffer und Salz würzen.

Den Handkäs in dünne Scheiben schneiden. Die Salsa oben darauf geben und mit Kerbel verzieren.

Handkäs mit süßen Linsen

Für 4 Personen | Zubereitungszeit: ca. 40 Minuten

Zutaten:
4 Handkäse

100 g Linsen
1 Zwiebel
1 süßen Apfel
6 EL Olivenöl
5 EL Balsamico
100 ml Apfelwein
2 – 4 EL Zucker
2 EL gehackter Schnittlauch
2 EL gehackte Petersilie

Salz & Pfeffer

Zubereitung: Zunächst die Linsen garen. Apfelwein in einem extra Topf aufkochen, so dass der Alkohol sich verflüchtigt. Dann den Zucker hinzugeben. Apfelwein auskühlen lassen. Apfel und Zwiebel klein schneiden.

Alle Zutaten mit den noch verbleibenden Zutaten vermengen. Abschmecken mit Salz und Pfeffer.

Die süßen Linsen über den Handkäse geben.

Handkäse Fondue

Für 4 Personen | Zubereitungszeit: ca. 30 Minuten

Zutaten:
500 g Handkäse
200 ml Apfelwein
100 ml Sahne

Salz, Pfeffer & Muskat

Sowie:
Weißbrot
Gedünstetes Gemüse

Zubereitung: Den Apfelwein in einem Topf aufkochen. Sahne und den zuvor klein geschnittenen Handkäse dazu geben. Das Ganze darf allerdings nicht kochen, sondern nur schmelzen. Abschmecken mit Pfeffer und Salz.

Anschließend umfüllen in ein Fondue Rechaud und warm halten.

Weißbrot und das gedünstete Gemüse in Würfel schneiden. Mit Gabeln in die Handkäsemasse tauchen.

Handkäsenest mit Schinken

Für 4 Personen | Zubereitungszeit: ca. 15 Minuten | Backzeit: 20 Minuten

Zutaten:
200 g Handkäse
16 Scheiben Bacon oder Dörrfleisch
4 Eier

sowie:
4 Förmchen
Salz & Pfeffer

Zubereitung: Die Eier zunächst sauber trennen. Den Bacon in den Förmchen auslegen mit jeweils 4 Scheiben.

Den Handkäse sehr fein schneiden oder reiben. Das Eiweiß steif schlagen, den Handkäse vorsichtig unter das Eiweiß schlagen. Etwas würzen mit Pfeffer und Salz.

Die Eiweißmasse in die Förmchen füllen. Danach das Eigelb vorsichtig in die Mitte auf den Schaum geben.

Im Backofen bei 160 Grad ca. 20 Minuten backen.

Handkäse Chips

Für 4 Personen | Zubereitungszeit: ca. 10 Minuten | Backzeit: ca. 12 Minuten

Zutaten:
4 Handkäse
getrockneten Rosmarin
getrockneten Oregano
getrockneten Thymian
Paprika edelsüß

Backpapier

Zubereitung: Jeden Handkäse in dünne Scheiben schneiden wie beim Carpaccio. Die Scheiben auf ein Backblech legen, das zuvor mit Backpapier ausgelegt wurde. Genügend Abstand zwischen den Käsescheiben halten, da der Käse etwas verläuft.

Rosmarin, Thymian, Oregano oder Paprikapulver auf die Scheiben geben.

Den Handkäse in den Backofen geben. Nun hochheizen bis 200 Grad, noch 12 – 15 Minuten backen. Anschließend das Blech herausnehmen und den Handkäse abkühlen lassen. Erst dann sind die Scheiben fest und können geknabbert werden.

Handkäs im Parmaschinkenmantel auf Birnen-Vanillepüree

Für 4 Personen | Zubereitungszeit: ca. 20 Minuten

Zutaten:
4 Birnen
1 Vanilleschote
100 ml Mineralwasser
4 EL Zucker

4 Handkäse
8 Scheiben Parmaschinken
etwas Öl

Zubereitung: Den Handkäse einwickeln in den Parmaschinken. Die Birnen schälen, entkernen und klein schneiden, den Zucker mit dem Mineralwasser schmelzen und dann karamellisieren. Die Birnenstücke dazu geben sowie die zuvor ausgekratzte Vanilleschote. Durchkochen, die Schote herausnehmen und die Birnen grob pürieren. Den Handkäse in der Pfanne mit etwas Öl von beiden Seiten anbraten, auf einen Teller zuerst das Püree geben und den gebratenen Handkäse darauf setzen.

Handkäse mit Orangen Walnuss Sauce

Für 4 Personen | Zubereitungszeit: 20 Minuten

Zutaten:
4 Handkäse

4 EL Schmand
4 EL Joghurt
4 EL Sahnemeerrettich
4 EL Olivenöl
2 EL Apfelessig
2 TL Senf
2 TL Zitronensaft
2 Orangen, deren Filets
100 g Walnusskerne

Salz & Pfeffer

Zubereitung: Die Walnüsse in einer trockenen Pfanne rösten, dann fein hacken. Die Orangen filetieren, das Orangengerippe auspressen und den Saft auffangen.

Nun alle restlichen Zutaten mit den Walnüssen, Orangenfilets und dem Orangesaft vermengen.

Abschmecken mit Pfeffer sowie Salz und über den Handkäse geben.

Handkäse mit Rettich und Bärlauch

Für 4 Personen | Zubereitungszeit: ca. 15 Minuten

Zutaten:
4 Handkäse

200 g Rettich
1 Zwiebel
1 Bund Bärlauch
6 EL Olivenöl
4 EL Apfelessig
1 EL Zucker

Salz & Pfeffer

Zubereitung: Den Rettich fein reiben. Zwiebel fein würfeln. Den Bärlauch fein hacken. Mit den restlichen Zutaten gut vermengen und mit Salz und Pfeffer abschmecken, dann auf den Handkäse geben.

Tipp: Auf dieser Basis lässt sich natürlich auch mit anderen Kräutern wie z.B. Basilikum oder auch die Kräuter der Frankfurter Grünen Soße arbeiten.

Handkäs Bratwurst

Für ca. 10 – 15 Würste | Zubereitungszeit: ca. 30 Minuten

Zutaten:
600 g Schweineschulter (mager)
400 g Schweinebauch (fett)
100 g Handkäse
20 g Salz
1 TL Pfeffer, weiß, gemahlen
1 TL Kümmel, gehäuft
1 TL Majoran
1 kleines Ei
3 Meter Wurstdarm

Zubereitung: Die Schulter und den Schweinebauch einmal durch den Fleischwolf geben. Den Handkäse klein schneiden und unter die Masse geben, ebenso alle anderen Zutaten bis auf den Wurstdarm.

Das Ganze noch einmal durch den Fleischwolf geben. Die Tülle zum Befüllen auf den Aufsatz des Fleischwolfes geben und den zuvor gewässerten Darm aufziehen. Am Ende des Darmes einen Knoten machen.

Die Masse durch den Wolf geben und in den Darm gleichmäßig einfüllen. Ist man am Ende des Darmes angelangt, die Masse ein bisschen stauchen und wiederum einen Knoten machen.

Alle 18 – 20 Zentimeter die Wurst mehrfach drehen. Beim ersten Mal links herum beim zweiten Mal rechts herum oder umgekehrt.

Die Wurstschlange ca. 20 Minuten abbrühen. Die Würste an den gedrehten Stellen abschneiden.

Die Wurst kann wie jede andere Bratwurst in der Pfanne gebraten oder auf dem Grill gegrillt werden.

Rote Beete Creme mit Handkäse

Für 4 Personen | Zubereitungszeit: ca. 20 Minuten

Zutaten Creme:
250 g Kichererbsen aus der Dose
oder trocken, dann über Nacht einweichen
100 g gekochte rote Bete
100 g Handkäse
1 Zwiebel
3 Knoblauchzehen
1 EL Öl
50 g Sesam
50 ml Sesamöl
3 EL Zitronensaft

Salz & Pfeffer

Zutaten Garnitur:
2 EL Öl
½ Bund Petersilie
4 EL Pinienkerne
50 g Handkäse

Zubereitung: Zunächst Sesam fein mahlen und mit dem Sesamöl pürieren. Knoblauch und Zwiebel fein hacken und mit dem Öl anbraten. Die Kichererbse mit Wasser auffüllen, bis die Erbsen leicht bedeckt sind und ca. 30 Minuten lang leicht köcheln lassen.

Wasser abgießen. Die Kichererbsen, den Handkäse, die gekochte rote Beete mit der Sesampaste und dem Zitronensaft fein pürieren. Anschließend abschmecken mit Pfeffer und Salz. Das Ganze in eine Servierschale geben.

Handkäse fein würfeln. Die glatte Petersilie fein hacken. Alles mit dem Öl und den Pinienkernen mischen, Diese Masse dann auf die Creme geben.

Rhöner Brotsalat - mediterrané

Für 4 Personen | Zubereitungszeit: ca. 20 Minuten

Zutaten Salat:
1 Rhöner Bauernbrot
2 Knoblauchzehen,
10 Scheiben Speck
4 Eier
100 g Rucola
100 g Babyspinat
10 Cocktailtomaten
Olivenöl
100 g Handkäse

Sowie:
1 Zitrone, deren Saft und Schale
8 EL Olivenöl
2 EL weißer Balsamico

4 Eier

Salz & Pfeffer

Zubereitung Salat: Backofen auf 200 Grad vorheizen. Das Brot in mundgerechte Stücke schneiden und auf ein Backblech legen. Mit Olivenöl beträufeln und im Backofen 10 Minuten knusprig backen.

Die Speckscheiben in kleine Rauten schneiden auf die Brotstücke legen und weitere 5 Minuten backen.

Den Rucola und den Babyspinat säubern, von den Stielen lösen und in eine Schüssel geben. Die Cocktailtomaten waschen, halbieren und zu dem Salat geben. Dann das Brot und den Speck hinzugeben, alle Zutaten gut vermischen und den Salat gleichmäßig auf die Teller verteilen.

Weitere Zubereitung: Den Zitronensaft und -schale mit dem Olivenöl und dem Balsamico mischen und gleichmäßig über den Salat geben. Die Eier je nach Gusto kochen (4 Minuten) oder pochieren. Zum Pochieren Wasser zum Kochen bringen, jeweils ein Ei aufschlagen, in eine Schöpfkelle füllen und ins heiße Wasser hineingleiten lassen. Die Eier müssen sehr frisch sein, sonst funktioniert es nicht.

Salat noch einmal durchmischen und auf die Teller verteilen. Die Eier darauf setzen und dabei etwas anritzen, damit das Eigelb leicht heraus läuft. Den Handkäse fein würfeln und über den Salat geben. Abschließend mit Pfeffer würzen.

Zucchini-Kartoffel Küchlein mit Handkäs

Für 4 Personen | Zubereitungszeit: ca. 30 Minuten

Zutaten Küchlein:
300 g Zucchini
300 g Kartoffeln
1 Handkäse
100 g Mehl
5 Eier

Salz & Pfeffer
Öl zum Braten

Zutaten Dipp:
200 g Joghurt, mind. 6 %
150 g Joghurt, mind. 3,5 %
½ Bund glatte Petersilie
2 Knoblauchzehen

Salz & scharfes Paprikapulver

Zubereitung Küchlein: 100 g der Zucchini raspeln, die restliche Zucchini sowie die Kartoffeln und den Handkäse pürieren. Mit Mehl und dem Ei verquirlen und kräftig mit Pfeffer und Salz abschmecken.

Anschließend kleine Küchlein in Öl ausbacken, danach bei 70 Grad warm stellen.

Zubereitung scharfer Joghurt: Petersilie fein schneiden. Knoblauch in feine Würfel schneiden. Alle Zutaten mit den Joghurt vermengen, abschmecken mit scharfem Paprikapulver und Salz.

Handkäskuchen, Dill Joghurtsalat und Apfelchutney

Für 1 Backblech | Zubereitungszeit mit Backen: 80 Minuten

Zutaten Teig:
400 g Mehl
1 TL Salz
1 Würfel Frischhefe (42 g)
2 EL Öl
250 ml lauwarmes Wasser

Zutaten Füllung
6 Eier
200 g Schmand
500 g Handkäse
500 g Zwiebeln

Zutaten Salat & Chutney:
300 g mürbe Äpfel
4 EL Zucker
1 Zwiebel
2 EL heller Balsamico
200 g gemischter Salat
150 g Joghurt
1 EL Honig
1 EL Öl
1 EL Essig
1 Bund Dill

Sowie:
Salz & Pfeffer

Zubereitung: Backofen auf 200 Grad Umluft oder 210 Grad Ober- Unterhitze vorheizen. Die Hefe in 125 ml lauwarmen Wasser auflösen. Mehl und Salz in eine Schüssel gießen, dann verrühren und 20 Minuten ruhen lassen. Erneut 125 ml lauwarmes Wasser und das Öl hinzugeben und weitere 20 Minuten ruhen lassen. Danach auf einem Backblech bis hoch zum Rand ausrollen.

Den Handkäse würfeln. Die Zwiebeln in Ringe oder in Würfel schneiden, in eine Pfanne geben und ca. 15 Minuten bei mittlerer Hitze schmoren lassen.

Eier, Schmand, Pfeffer und Salz mit einem Schneebesen sehr gut verquirlen.

Handkäse aufs Blech geben dann die Zwiebeln ebenfalls auf das Backblech geben. Anschließend die Sauce darüber verteilen. Im Backofen bei 200 Grad Umluft oder 210 Grad Ober- Unterhitze ca. 25 – 30 Minuten backen.

Für das Chutney Äpfel und Zwiebel in kleine Würfel schneiden. Den Zucker karamellisieren, dann die Äpfel und die Zwiebel darin schmoren, bis es genug Flüssigkeit gezogen hat. Mit dem Essig ablöschen und leicht einkochen lassen, abschmecken mit Pfeffer und Salz.

Den Salat waschen und zupfen. Die restlichen Zutaten in einen Pürier Becher geben und fein pürieren. Danach abschmecken mit Pfeffer und Salz.

Handkäse Muffins mit zweierlei Füllungen

Für 4 Personen | Zubereitungszeit: ca. 20 Minuten | Backzeit: ca. 20 Minuten

Zutaten Teig:
175 g Mehl
1 TL Backpulver
1 TL Natron
½ TL Salz
6 EL Zucker
1 Ei
120 ml Milch
3 EL Butter
50 g Handkäse, sehr fein geschnitten

sowie:
Salz & Pfeffer

Füllung Schinken & Apfelrelish:
1 Apfel
1 EL Essig
4 EL Frischkäse
150 g Räucherschinken in Scheiben

Füllung Pute & Chili Sauce:
4 EL Frischkäse
150 g geräucherte Pute in Scheiben
4 EL süße Chilisauce

Zubereitung Grundteig: Alle Zutaten in eine Schüssel geben und mit einem Quirl sehr gut vermengen. Die Masse in Muffin Förmchen geben. Bei 180 Grad ca. 15 bis 20 Minuten backen, danach auskühlen lassen.

Füllung Schinken & Apfelrelish: Den Apfel klein schneiden, kurz anbraten und mit dem Essig mischen, danach auskühlen lassen. Mit dem Frischkäse und mit dem zuvor in kleine Würfel geschnittenen Räucherschinken mischen. Abschmecken mit Pfeffer und Salz.

Füllung geräucherte Pute & Chili Sauce: Die geräucherte Pute in feine Würfel schneiden und mit dem Frischkäse und der Chilisauce vermengen. Abschmecken mit Pfeffer und Salz.

Muffin füllen: Die Muffins mittig aufschneiden und mit der jeweiligen Masse füllen.

Kochkäse-Schnitzel mit Backkartoffeln

Für 4 Personen | Zubereitungszeit: ca. 40 Minuten

Zutaten Schnitzel:
4 Kalbsschnitzel
100 g Paniermehl
3 Eier
50 g Mehl
2 EL Paprikapulver
Butterschmalz

Zutaten Sauce:
200 ml Sahne
200 g Kochkäse ohne Kümmel

Zutaten Backkartoffeln:
400 g Kartoffeln
1 EL Rosmarin, fein gehackt
2 EL grobes Meersalz
6 EL Olivenöl

Sowie:
Salz & Pfeffer

Zubereitung Schnitzel: Die Kalbsschnitzel werden in einen Frischhaltebeutel gelegt und mit einer Stielkasserolle vorsichtig geklopft, bis die Schnitzel schön dünn sind. Die Schnitzel, mit Salz, Pfeffer und Paprikapulver würzen.

Die Schnitzel werden paniert in folgender Reihenfolge: Erst Mehl, dann Ei, wieder Mehl, wieder Ei, dann Paniermehl. Das Schnitzel wird im Paniermehl einige Minuten liegen gelassen, damit sich das Ei mit dem Paniermehl schön verbindet.

Die Schnitzel werden nach dem Panieren in einer Edelstahlpfanne mit Butterschmalz angebraten und im Backofen bei Umluft ca. 8 Minuten bei knapp 100 Grad gegart. Somit bleiben die Schnitzel schön saftig.

Zubereitung Sauce: Die Sahne erhitzen, den Kochkäse löffelweise in die heiße Sahne rühren. Abschmecken mit Pfeffer und Salz.

Zubereitung Backkartoffeln: Die Kartoffeln halbieren und auf ein Backblech setzen. Den fein gehackten Rosmarin mit dem Salz und dem Öl im Mörser zerstoßen und die Kartoffeln damit einpinseln.

Variante: Statt dem Kalbfleisch können auch Austernpilze verwendet werden.

Involtini von der Bachforelle
auf Bärlauch-Risotto mit Handkäs Schaum

Für 4 Personen | Zubereitungszeit: ca. 40 Minuten

Zutaten Risotto:
500 g Risotto Reis
1 Zwiebel
3 EL Butter
1000 ml Gemüsebrühe
1 Bund Bärlauch
2 EL Sonnenblumenkerne, geröstet
100 g Handkäse, fein gehackt
50 g Butter

Zutaten Involtini:
4 Forellenfilets
100 g Fischfilet
50 ml Sahne
1 EL Kapern

Zutaten Schaum:
½ Schalotte
125 ml Weißwein
1 Lorbeerblatt
175 ml Sahne
30 g Butter
100 g Handkäse
50 g Butter

Sowie:
Alufolie
Salz & Pfeffer

Zubereitung Risotto: Die Zwiebel schälen und fein hacken. 1 EL Butter in einem hohen Topf schmelzen und die Zwiebel darin anschwitzen. Den Reis hinzugeben und unter ständigem Rühren andünsten, bis er vom Fett überzogen ist.

Mit etwas Brühe ablöschen, bis der Reis leicht bedeckt ist. Unter ständigem Rühren verdampfen lassen, dann auf eine mittlere Hitze stellen und ein paar Schöpfer Brühe hinzugeben. Brühe wiederum unter ständigem Rühren einkochen lassen. Den Vorgang so lange wiederholen bis die Brühe aufgebraucht und der Reis gar ist. Sollte der Reis noch nicht weich sein, noch etwas Wasser oder Brühe hinzufügen.

Bärlauch waschen, hacken und unter den Reis mischen. Die restlichen Zutaten unterheben und mit Salz und Pfeffer kräftig würzen. Zum Schluss die restliche Butter unterheben.

Zubereitung Involtini: Das Forellenfilet von beiden Seiten würzen. Das Fischfilet mit der Sahne und den Kapern sehr fein pürieren, dann auf die Forellenfilets streichen. Das Ganze einrollen, wie eine Wurst in Alufolie einpacken, dann auf ein Backblech geben und bei 120 Grad ca. 10 Minuten garen.

Zubereitung Schaum: Handkäse sehr fein würfeln. Schalotten klein schneiden, mit dem Weißwein, dem Lorbeerblatt und etwas Pfeffer köcheln und auf die Hälfte reduzieren lassen. Dann die Sahne hinzugeben und auf 250 ml reduzieren. Durch ein Passiersieb passieren und die Sauce auffangen. Den Handkäse hinzugeben, die Sauce mit Salz und Pfeffer abschmecken sowie warm halten. Die Sauce kurz vor dem Servieren mit der kalten Butter und einem Zauberstab auf pürieren.

Chili-Polenta mit Kochkäse hierzu Parmesanhühnchen im Safranschaum

Für 4 Personen | Zubereitungszeit: 40 Minuten

Zutaten Polenta:
300 g Polenta
900 ml Wasser
400 g Kochkäse
2 Chilischoten
1 Zweig Rosmarin

Zutaten Hühnchen:
4 Hähnchenbrustfilets
100 g Parmesan (für Füllung)
4 EL Estragon Senf
50 g Parmesan (für Mantel)

Zutaten Safranschaum:
0,2 g Safran
6 EL Sherry
200 ml Sahne
1 Schalotte
1 EL Butter
50 g Butter

Sowie:
Salz & Pfeffer

Zubereitung Polenta: Das Wasser zum Kochen bringen, dann den Grieß und die Butter einrühren. Chilischote und Rosmarin fein hacken und hinzugeben. Mit Salz und Pfeffer würzen den Kochkäse hineingeben und sehr gut vermengen. Die Chili-Polenta warm halten.

Zubereitung Hühnchen: Die Hühnerbrustfilets flach klopfen, den Parmesan reiben. Die Filets mit Senf bestreichen, insgesamt 100 g des geriebenen Parmesans darauf verteilen und kräftig mit Salz und Pfeffer würzen. Filets vorsichtig einrollen. Restlichen geriebenen Parmesan mit dem Paniermehl vermengen, die Hühnerbruströllchen darin wenden, in gefettete Alufolie wickeln und bei 180 Grad ca. 15 Minuten garen.

Zubereitung Safranschaum: Den Safran mit 2 EL heißem Wasser einweichen. Die Schalotte klein schneiden und mit Butter anschwitzen. Mit dem Sherry ablöschen, kurz aufkochen lassen. Die Sahne angießen, erneut aufkochen lassen und ca. auf die Hälfte der Flüssigkeit reduzieren. Den Safran mit dem Einweichwasser hinzugeben und mit Salz und Pfeffer abschmecken. Anschließend mit 50 g Butter aufschäumen.

Zum Anrichten die Polenta in einen tiefen Teller geben. Das Hühnchen auspacken, in Scheiben schneiden und auf der Polenta arrangieren. Den Safranschaum rund herum träufeln.

Schweinefilet auf mediterranem Gemüse mit Pfeffer-Handkäse Sauce

Für 4 Personen | Zubereitungszeit: ca. 30 Minuten

Zutaten:
1 Schweinefilet
100 g Handkäse
100 ml Weißwein
200 ml Sahne
2 EL grüner Pfeffer

Zutaten Gemüse:
1 Aubergine
1 Zucchini
1 Paprika
8 Champignons

Sowie:
Olivenöl zum Braten
Salz & Pfeffer

Zubereitung: Das Schweinefilet in ca. 2 cm dünne Scheiben schneiden. Das Ganze mit etwas Olivenöl kurz bei mittlerer Hitze anbraten, mit dem Weißwein ablöschen, aufkochen lassen und die Sahne angießen. Den Handkäse klein schneiden und hinzugeben. Mit dem grünen Pfeffer sowie Salz und etwas normalen Pfeffer abschmecken.

Das Gemüse in Scheiben oder Streifen schneiden. Mit Olivenöl gut bestreichen, salzen und pfeffern, danach auf einen Rost legen und bei 180 Grad Umluft von beiden Seiten ca. 10 Minuten braten.

Zum Anrichten: Die Filets aus der Sauce nehmen, auf einem flachen Teller anrichten, das Gemüse darum herum geben. Die Lendchen mit der Handkäse Sauce beträufeln und mit etwas frischem Pfeffer abschmecken.

Praline vom Handkäs auf gebackenem Knödel mit Zwiebel Chutney

Für 4 Personen | Zubereitungszeit: ca. 30 Minuten

Zutaten Praline:
100 g Frischkäse
100 g Handkäse
100 g Camembert
1 TL Paprikapulver
Salz & Pfeffer

10 g gehackte Pistazien
20 g gehackte Walnüsse
20 g gehackte Mandeln
2 EL Puderzucker

Zutaten Knödel:
250g Ciabatta-Brot
50g Schalotten
100 g getrocknete Tomaten
20g Butter
150 ml Milch
Muskat
Salz
2 Eier
Backpapier

Zutaten Chutney:
400 g gemischte rote und weiße Zwiebeln
1 EL Tomatenmark
6 EL Zucker
300 ml Gemüsefond
100 ml Rotwein
6 EL dunkler Balsamico
2 Zweige Thymian
1 Knoblauchzehe

Zubereitung Praline: Handkäse und Camembert sehr klein schneiden und mit dem Frischkäse vermengen. Abschmecken mit Paprika, Salz und Pfeffer. Pistazien, Walnüsse und Mandeln mit dem Puderzucker karamellisieren, dann von der Käsemischung mit zwei Esslöffeln Nocken abstechen und in der Nussmischung wälzen.

Zubereitung Zwiebel Chutney: Zwiebeln in feine Würfel schneiden und mit etwas Öl anbraten. In einem separaten Topf Zucker schmelzen, Tomatenmark hinzugeben und karamellisieren. Zwiebeln hinzugeben. Danach kommen die Flüssigkeiten und der zuvor gezupfte Thymian sowie die zuvor fein gehackte Knoblauchzehe hinzu. So lange köcheln lassen, bis die Masse dicklich ist und die Zwiebeln weich sind. Das Chutney kann warm und kalt gegessen werden.

Zubereitung Knödel: Ciabatta-Brot würfeln und in der Milch einweichen. Schalotten und getrocknete Tomaten fein würfeln und mit den restlichen Zutaten zu dem Ciabatta-Brot geben und gut vermengen. Die Knödelmasse fest in Backpapier einwickeln und ca. 30 Minuten bei 180 Grad im Backofen garen.

Anrichten: Den Knödel in Scheiben schneiden. Die Praline oben darauf setzen und das Chutney rundherum verteilen.

Dibbelabbes mit Handkäs und Worscht

Für 4 Personen | Zubereitungsdauer: ca. 40 Minuten

Zutaten:
2 kg Kartoffeln
100 g Handkäse
2 Zwiebeln
1 Ei
4 EL Öl zum Braten

Salz & Pfeffer

2 Bratwürste
400 g Blutwurst paniert
2 Eier
150 g Paniermehl
1 Liter Öl zum Frittieren

Zubereitung: Die rohen Kartoffeln schälen, reiben und fest ausdrücken. Dann die Zwiebeln schälen und in Würfel schneiden. Handkäse ebenfalls in Würfel schneiden. Danach Handkäse, Salz, Pfeffer, Ei und die Zwiebeln unter den Kartoffelteig mengen. Das Öl in einer großen Pfanne oder einem gusseisernen Bräter erhitzen und die Kartoffelmasse einfüllen. Dabei ständig wenden und zerpflücken, damit sich viel Kruste bilden kann.

Die Bratwurst braten und in Stücke schneiden. Die Blutwurst erst in dicke Scheiben schneiden, dann erst im Ei danach in Paniermehl wälzen. Im heißen Öl so lange frittieren, bis die Panade goldbraun ist.

Apfelwein – Hühnchen Saltimbocca

Für 4 Personen | Zubereitungszeit ca. 40 Minuten

Zutaten Hühnchen:
4 Hühnerbrustfilets
2 Handkäse
4 Schinkenscheiben

Zutaten Soße:
600 ml Apfelwein
100 g Apfel
100 g Schmand
100 g Creme Fraiche
1 Prise Zimt

Zutaten Kartoffelpüree:
600 g Kartoffeln
8 EL Olivenöl
1 EL geschlagene Sahne
100 g gewürfelte Äpfel
4 EL Olivenöl

Sowie:
Alufolie
Salz & Pfeffer

Zubereitung Saltimbocca: Das Hühnerbrustfilet platt klopfen, dann den zuvor in dünne Scheiben geschnittenen Handkäse darauf legen sowie die Schinkenscheiben. Kräftig würzen mit Pfeffer und Salz danach einrollen und in Alufolie einpacken. Nun im Backofen bei 120 Grad ca. 15 bis 20 Minuten garen.

Zubereitung Soße: Den Apfelwein mit der klein geschnittenen Zwiebel auf 300 ml einkochen lassen. Anschließend den klein geschnittenen Apfel dazugeben sowie Schmand und Creme Fraiche. Abschmecken mit Pfeffer, Salz und Zimt.

Zubereitung Kartoffelpüree: Die Kartoffeln schälen und sehr fein schneiden. Mit genügend Wasser gut durchkochen lassen. Sind die Kartoffeln gar gut abseihen. Mit einem Schneebesen das Olivenöl und die Sahne einrühren und so lange verschlagen, bis das Ganze schön cremig ist.

Die Äpfel in etwas Olivenöl anbraten und unter das Püree heben. Abschmecken mit Salz und Pfeffer.